EXTRAIT DES « MISSIONS CATHOLIQUES »

SOUVENIRS

DE

L'ANCIENNE ÉGLISE

D'AFRIQUE

(1893)

PAR

Le R. P. DELATTRE

des Missionnaires d'Alger

LYON

IMPRIMERIE MOUGIN-RUSAND

3, rue Stella, 3

—

1894

SOUVENIRS

DE

L'ANCIENNE ÉGLISE

D'AFRIQUE

(1893)

PAR

Le R. P. DELATTRE

des Missionnaires d'Alger

LYON

IMPRIMERIE MOUGIN-RUSAND

3, rue Stella, 3

—

1894

SOUVENIRS

DE

L'ANCIENNE ÉGLISE D'AFRIQUE

(1893)

En 1873, le cardinal Lavigerie, présidant, comme archevêque d'Alger, la séance d'ouverture du Concile provincial, recommandait aux prêtres l'étude du glorieux passé de l'Afrique chrétienne.

Après avoir parlé de ses illustres écrivains et de leurs précieux ouvrages, le vénérable archevêque disait au clergé des trois provinces :

« Il est d'autres témoins du culte, des traditions, de la discipline de l'Église d'Afrique ; ceux là sont encore présents sous notre sol : ce sont les inscriptions, les monuments de pierre ou de marbre, ensevelis depuis de longs siècles sous les ruines faites par la barbarie. Déjà le hasard en a fait retrouver un grand nombre, mais lorsque l'épée et la charrue de la France auront achevé leur œuvre, nous pourrons rechercher avec plus de succès ces inappréciables richesses d'un autre âge. »

Ce que disait de l'Algérie le savant prélat, peut s'appliquer également à la Tunisie. A mesure que l'armée et les colons ont pénétré dans l'intérieur du pays, les découvertes se sont multipliées. Les colons, en s'établissant près d'anciennes villes, les officiers surtout, en conduisant leurs troupes à travers la Régence et en campant sur l'emplacement de cités détruites ou en partie encore debout, se sont intéressés aux monuments qu'ils rencontraient. Quelques-uns même, prenant le goût de l'archéologie, se sont livrés à des recherches habilement suivies et ont entrepris des fouilles très fructueuses. C'est ainsi que, chaque année, l'armée a apporté son large contingent de découvertes qui sont venues enrichir le domaine de la science.

Le territoire actuel de la Tunisie ayant renfermé autrefois plus de trois cents évêchés, on ne pouvait manquer d'y trouver beaucoup de souvenirs chrétiens.

Voici, à ce point de vue spécial, quelques découvertes récentes qui m'ont été communiquées par leurs auteurs et m'ont paru dignes d'être enregistrées et publiées.

SAINTE-MARIE-DU-ZIT.

L'an dernier, M. l'abbé Boisard, du diocèse de Lyon, fondait un orphelinat dans le domaine de l'Oued-Rhemel. Le nouvel établissement est situé à dix-huit kilomètres de la montagne de Zaghouan, vers Hammamet, près de l'*Oued-Zit*. Une montagne qui limite le domaine porte le nom de *Djebel-Zid*. Il y a probablement dans ces deux mots *zit* et *zid*, comme cela a été constaté sur d'autres points de l'Afrique du nord, un reste du nom antique de la localité. Celle-ci fut jadis un centre chrétien et peut-être même une ville épiscopale qui n'a laissé que des ruines.

Les Directeurs de l'Orphelinat étaient à peine installés à Sainte-Marie-du-Zit qu'ils découvraient à côté de leur habitation une inscription chrétienne. C'est l'épitaphe d'un prêtre nommé *Saturinus*, mort en paix à l'âge de 53 ans. Grâce à une copie prise par M. le colonel Jeannerod et un

estampage que je dois à l'obligeance des prêtres qui diri-
gent l'orphelinat, je puis donner ici une lecture certaine de
l'épitaphe de ce prêtre :

SATURINUS P̄R̄S̄

IN PACE BISIT ANIS

LIII

Hauteur des lettres, de 5 à 6 centimètres.

D'après les renseignements qui me sont communiqués,
la pierre qui porte cette inscription mesure environ un
mètre quarante de longueur et quarante-cinq centimètres
de largeur.

Le texte offre plusieurs particularités.

D'abord tous les S sont gravés à rebours, c'est-à-dire que
leur boucle supérieure s'ouvre à gauche, au lieu de s'ouvrir
à droite.

Les trois lettres PRS surmontées d'une barre forment
l'abréviation du mot PRESBYTER.

L'expression BISIT est mise pour VIXIT et ANIS est mis
pour ANNIS.

Dans ce texte funéraire, la forme négligée des caractères est en rapport avec l'orthographe. Le prêtre *Saturinus*
a dû exercer son ministère auprès des fidèles de la contrée
entre le ve et le viie siècle.

HENCHIR-THINA.

L'ancienne *Thenae* dont les ruines se voient sur le bord
de la mer à deux heures de cheval au-delà de Sfaks, fut
sans doute à l'origine un comptoir phénicien. A l'époque
romaine, c'est de cette ville que partait l'immense fossé

pratiqué par Scipion le Jeune pour marquer la limite entre
l'Afrique ancienne et l'Afrique nouvelle. Ce fossé se pro-
longeait dans l'intérieur des terres jusqu'à l'embouchure
de la Tusca, c'est-à-dire jusqu'à Tabarka, point qui fut tou-
jours une frontière naturelle. Ce n'est qu'en notre siècle que
cette frontière fut dép'acée et poussée plus loin vers la
Galle, lorsque la France s'empara de l'Algérie.

Thenae devint un évêché et Morcelli dit, dans son *Africa
christiana*, qu'un concile y fut tenu. On connaît le nom de
cinq évêques de Thenae : *Eucratius*, *Latonius*, *Pascasius*,
Pontianus et *Félix*.

Les ruines de Thina ont été visitées par Victor Guérin et
plus tard par un bon nombre d'archéologues, de touristes
et d'amateurs. Quelques-uns y ont tenté des fouilles et
n'ont trouvé le plus souvent que les chambres funéraires
païennes de l'époque romaine. M. le colonel Dechizelle est
le seul, à ma connaissance, qui ait découvert une antiquité
chrétienne. Il a eu la bonne fortune de rapporter des ruines
de l'antique *Thenae* une bague de cuivre sur le chaton de

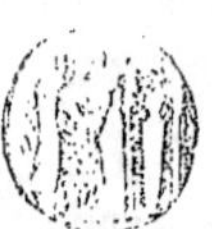

Chaton de bague sur lequel est représenté N.-S. Jésus-Christ
ressuscitant Lazare.

laquelle est représenté Notre-Seigneur Jésus-Christ ressus-
citant Lazare. Cette intéressante pièce d'archéologie chrétienne, que M. le colonel Dechizelle a eu l'obligeance de me
communiquer, fait aujourd'hui partie de sa belle collection
particulière.

MEDÉÏNA

Medéïna,qui en arabe signifie « ville »,est le nom que les indigènes donnent en Tunisie à plusieurs cités antiques aujourd'hui ruinées. La *Medéïna* dont il s'agit ici, est située à l'extrémité de la Régence,près de la Tripolitaine, non loin de la mer au fond du Bahirat-el-Bibân, l'ancien *Zuchis lacus.* On y voit des restes considérables, entre autres des magasins et un quai de cinq cents mètres de longueur. Très peu d'Européens ont visité ces ruines ; mais le commandant Rebillet qui a relevé le plan de la contrée, a eu l'occasion de les étudier. « Le sol, dit-il, est jonché de pièces de monnaies. »

L'été dernier, plusieurs missionnaires se trouvant à Zarzis, se sont rendus par barque aux ruines de Medéïna. L'un d'eux y a trouvé à fleur de sol une lampe chrétienne.

Sur le disque de cette lampe, se voit un personnage foulé aux pieds d'un lion. Cette scène est encadrée dans une zone ornée de disques et de fleurons cruciformes.

On ignore quel était dans l'antiquité le nom de *Medéïna.*

Voici une remarque faite par M. le commandant Rebillet :

« *El-Medéïna*, bon, excellent port, est le port le plus voisin de Ghadamès sur la côte méditerranéenne, et comme il est établi que le commerce transaharien a dû autrefois se diriger vers un point de la côte compris entre Tripoli et Gabès, *Medéïna* était peut-être ce point. »

A l'époque chrétienne, la ville en question faisait partie de la province tripolitaine.

HADJEB EL-AÏOUN

Cette localité est située au centre de la Tunisie entre Sbaïtla et Kaïrouan. On y voit des ruines que l'on croit être celles de *Mascliana*, ville épiscopale citée par Morcelli, qui nomme trois de ses évêques : *Victorianus, Plutianus* et *Bonifatius.*

Au commencement de 1893, M. le lieutenant Hannezo, déjà connu par plusieurs découvertes très intéressantes faites sur divers points de la Tunisie, ayant à tenir garnison à Hadjeb-el-Aïoun, en profita pour faire quelques fouilles. Ses recherches se portèrent d'abord sur le plateau d'Hadjeb. Là, il trouva une nécropole païenne.

Quittant la hauteur, il vint tenter une fouille au pied du plateau dans un endroit couvert de ruines. En pratiquant une longue et profonde tranchée à travers les décombres d'un monument chrétien, il découvrit une grande quantité de fragments de carreaux de terre cuite dont la face était ornée de personnages. Voici la reproduction d'un des premiers fragments sortis des fouilles (voir la page suivante).

Pendant que le lieutenant Hannezo faisait cette intéressante découverte, un de ses camarades trouvait trois épitaphes gravées en mauvais caractères. Une d'elles se terminait par un monogramme du Christ formé des lettres X et P, initiales du mot XPICTOC, comme sur le labarum de Constantin.

Les officiers, continuant les fouilles, constatèrent que le monument découvert par le lieutenant Hannezo était une basilique chrétienne. On y recueillit des portions de mosaïques sur lesquels on reconnaissait des oiseaux, des poissons, des rosaces, un cheval avec le vase, etc... Mais avant d'arriver au sol de l'église, on avait rencontré des fûts de colonne, des chapiteaux et beaucoup d'autres fragments de carreaux qui permettaient de reconstituer un certain nombre de sujets. Ce sont les mêmes que sur nos lampes chrétiennes de Carthage : le lion, le cheval, le cerf, le lièvre, deux paons se désaltérant dans un calice, etc..

Un de ces carreaux, dont la face est divisée en deux compartiments, montre un lion debout tourné à droite et au-

Fragment de carreau de terre cuite d'Hadjeb-el-Aïoun.

Carreau de terre cuite d'Hadjeb-el-Aïoun.

dessous, dans la même direction, un lièvre poursuivi par un chien.

Un fragment qui malheureusement n'a pu être complété, offre l'image d'un personnage à ample chevelure ; au-dessus, se lisent les deux lettres SC sans doute pour SANCTUS. Il serait curieux de savoir quel saint était représenté sur ce carreau. De nouvelles fouilles nous l'apprendront peut-être un jour.

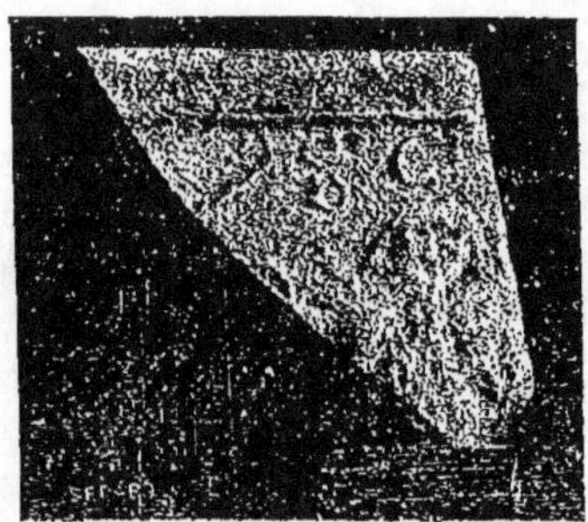

Fragment de carreau de terre cuite, d'Hadjeb-el-Aïoun.

M. Edmond Le Blant, membre de l'Institut, a fait connaître à l'Académie quelques-uns de ces carreaux, qui sont autant de spécimens de l'imagerie religieuse dans l'ancienne Afrique chrétienne.

Voici, d'après le *Journal officiel*, le compte-rendu de la communication du savant archéologue chrétien :

« M. Le Blant rappelle à l'Académie qu'un article paru en 1888 dans la *Revue archéologique*, signalait la découverte faite en Tunisie d'une série de carreaux de terre cuite décorés de figures ou d'ornements tels que des rosaces, des cerfs, des lions, des paons, des bœufs, divers sujets chrétiens ou même païens. L'un de ces carreaux portait l'inscription suivante entre deux croix :

† SCT MARIA AIVBA NOS †

« Une nouvelle série de tuiles semblables, représentant
des sujets chrétiens, vient d'être trouvée dans les ruines
d'une basilique, à Hadjeb el-Aïoun, par M. Hannezo, lieutenant au 4ᵉ régiment de tirailleurs, avec l'aide de deux de
ses camarades de régiment, MM. Molins et Laurent. Les
sujets représentés sur les carreaux sont :

« 1º Adam et Ève entre lesquels on voit l'arbre où s'enroule
le serpent.

« 2º Le Christ entre deux apôtres nimbés comme lui. Il
multiplie les poissons et les pains que portent les apôtres.

« 3º Saint Pierre recevant une clef des mains du Christ,
dont la tête manque.

SAINT PIERRE RECEVANT UNE CLEF DES MAINS DU CHRIST, carreau trouvé
dans les ruines d'une basilique à Hadjeb-el-Aïoun.

« 4° Le sacrifice d'Abraham. A gauche, le patriarche lève
le glaive ; sur le fragment de droite, on voit sa main posée
sur la tête d'Isaac nu et agenouillé ; au-dessus de ce dernier, le bélier ; devant lui, l'autel carré d'où s'élève une
flamme.

Le Christ et la Samaritaine, carreau trouvé dans les ruines d'une basilique
à Hadjeb-al Aioun.

« 5° La Samaritaine écoutant le Christ, nimbé, qui porte
une longue croix. Elle tient de la main droite la corde à
laquelle est attaché le vase qu'elle tire du puits.

« Au moment de la découverte, plusieurs des carreaux
adhéraient encore aux murs de la basilique dont ils cou-
vraient autrefois la nudité. De quelle époque datent-ils ? Il

serait assez difficile de le préciser ; mais d'après la forme des caractères de l'inscription, M. Le Blant croit pouvoir leur assigner une époque voisine du VIe siècle. La salle dans laquelle ils ont été trouvés était pavée d'une jolie mosaïque représentant des colombes dans des rinceaux. »

KAIROUAN.

C'est, on le sait, la ville sainte des musulmans de la Tunisie. Avant l'occupation française, les habitants en interdisaient l'entrée aux chrétiens. Ce n'est que par exception qu'ils autorisèrent quelques Européens à y pénétrer. Aujourd'hui il en est autrement. Non seulement on peut librement visiter la ville de Kairouan, qui est devenue une paroisse du diocèse, mais on obtient assez facilement de pénétrer dans les mosquées.

L'an dernier, un de mes confrères, le P. Vellard ayant eu l'occasion de se rendre à Kairouan m'en rapporta la copie d'une inscription chrétienne qu'il avait remarquée dans l'escalier conduisant au minaret de la grande mosquée. Elle servait de dalle dans l'encoignure du palier de la vingt-septième marche en partant du sol de la cour.

Malheureusement le marbre était en partie recouvert d'une couche de chaux et mon confrère ne put copier que le centre de l'inscription. On y lisait : SANCTI MARTYRIS expressions bien faites pour piquer la curiosité.

Grâce à M. le lieutenant Hannezo je pus avoir cette année une copie et un estampage de cet intéressant texte qui avait été dégagé de la couche de chaux qui le recouvrait.

L'inscription n'est pas encore complète, mais on y lit un certain nombre de mots qui semblent révéler que ce marbre provient d'un monastère placé sous le patronage du proto-martyr saint Étienne dont le culte, d'après le témoignage de saint Augustin plusieurs fois confirmé par les découvertes archéologiques, était si répandu en Afrique. Voici les mots qui frappent le plus dans les lignes tronquées de ce texte :

ABBATEM (deux fois)
PRESBVTER
ESSE INIQVITATIBVS ALIENVM
MINISTRIS
SANCTI MARTVRIS STEPHANI
MONASTERIO-CONSTITVTAE.....

A ma demande, M. le lieutenant Hannezo a bien voulu interroger les anciens du pays pour savoir d'où a été apportée cette inscription, mais ses recherches sont demeurées infructueuses.

LE KEF

On connaissait déjà dans l'antique *Sicca Veneria* deux basiliques. L'une d'elles sert aujourd'hui d'église paroissiale.

Une troisième église a été découverte par M. le lieutenant Denis dans les bâtiments d'une mosquée. Ce sanctuaire a trois absides disposées en feuille de trèfle. C'est la forme des premières chapelles des catacombes de Rome et c'est aussi celle du *trichorum* de notre basilique de Damous-el-Karita, à Carthage.

Lyon.— Impr. Mougin-Rusand, rue Stella, 3